Léonce de Lavergne

Libéralisme
socialiste

Les écrits de M. Proudhon

ISBN : 978-1546474241

10 9 8 7 6 5 4 3 2 1

Léonce de Lavergne

Libéralisme socialiste

Les écrits de M. Proudhon

Table de Matières

Libéralisme socialiste

Libéralisme et *socialisme*, ces deux mots ont exprimé jusqu'ici des idées antipathiques. Dans tous les systèmes d'organisation que les différentes sectes socialistes ont mis en avant, la liberté individuelle de l'homme est généralement comptée pour rien. Voici un écrivain socialiste qui se distingue au contraire par un profond sentiment de la liberté humaine : cet écrivain est M. Proudhon, l'auteur du livre sur la *Propriété*, publié il y a quelques années, le rédacteur actuel du journal *le Représentant du Peuple*, un des plus radicaux assurément, un des plus violents dans les termes parmi les nouveaux réformateurs, mais qui rachète à mes yeux tous ses emportements par son respect pour cette pauvre liberté dont les théoriciens de la nouvelle république font si bon marché. Un conservateur de la veille, un malheureux doctrinaire comme moi, est plus près de s'entendre avec un tel homme qu'avec beaucoup de gens qui paraissent plus modérés, et j'ai lu les livres de M. Proudhon avec plus de sympathie que de colère. La forme en est un peu rude, j'en conviens, et met à l'épreuve la patience, mais ce n'est plus le moment d'être difficile et de faire le délicat.

Comment ! dira-t-on, n'est-ce pas ce M. Proudhon qui a imaginé cette fameuse maxime : *La propriété, c'est le vol* ? — Lui-même, et il en a dit bien d'autres de la même force. — Et vous pouvez avoir quelque chose de commun avec le prédicateur de pareilles doctrines ? — Oui, parce qu'au milieu de nos despotes, il est resté libéral. Entendons-nous d'ailleurs une bonne fois sur le procédé habituel de M. Proudhon dans l'expression de ses idées. Avant tout, c'est un écrivain. Sans le savoir peut-être, sans le vouloir, il cherche plutôt le mot fort que le mot juste, il veut faire de l'effet. Il est de l'école de Rousseau, dont il rappelle quelquefois l'éloquente brutalité, et Rousseau, comme on sait, n'y allait pas de main morte ; pour lui, le plus gros mot était le meilleur. Si M. Proudhon s'était borné à faire une critique raisonnable des abus de la propriété, son livre serait passé inaperçu ; il a dû au contraire à la hardiesse sauvage de sa conclusion de faire un peu de bruit, et il est permis de croire que c'est là surtout ce qu'il voulait. Lui-même a reconnu plus tard en plusieurs occasions qu'il avait été trop loin ce jour-là ; voici notamment ce qu'on lit dans un article signé de lui, publié récemment par son journal, *le Représentant du Peuple* : « Je ne viens pas ici, avec une sotte et lâche impertinence, commenter la formule trop connue et trop peu comprise : la propriété, c'est le vol. *Cela se dit une fois, cela ne se répète pas.* Laissons *cette machine de guerre*, bonne pour l'insurrection, mais qui ne peut plus servir aujourd'hui qu'à contrister les pauvres gens. » On voit qu'il est difficile de s'exécuter de meilleure grâce.

Maintenant que le lecteur est dans le secret, il aura, je l'espère, un peu moins peur des mots la précaution est bonne à prendre avec M. Proudhon ; c'est un esprit original sans nul doute, le plus original, peut-être même le seul original de tous ceux qui ont entrepris de nos jours la réforme de la société ; mais, s'il a la réalité de l'originalité, il en a aussi la manie. A tout instant, il vous renverse par une proposition étourdissante, il ne procède que par hyperboles, par alliances de mots inattendues ; pour ceux qui aiment la nouveauté, il a cette saveur de haut goût qui les attire ; pour les autres, il aime à les troubler par la singularité de ses paradoxes. Mais ne vous laissez pas intimider par l'apparence, allez droit à l'idée exprimée avec tant de fracas ; vous la trouverez presque toujours juste et beaucoup moins subversive qu'elle n'en a l'air. Même quand M. Proudhon fait sa plus grosse voix, quand il crie le plus haut contre la société, contre la bourgeoisie, contre le gouvernement déchu, contre ce qu'on appelle aujourd'hui la *réaction*, il est bon homme au fond et se contente de peu. J'en sais plus d'un qui est sans s'en douter plus révolutionnaire que lui. Pour dégager le vrai du faux dans sa doctrine, il suffit de la dépouiller de l'exagération de la forme ; souvent même il n'y a rien ou presque rien à faire pour séparer la vérité de son alliage, et dans ce cas la lecture de M. Proudhon est très agréable, car la vérité la plus vulgaire prend, sous sa plume, un air ingénieux et piquant.

D'abord M. Proudhon n'est pas communiste, bien loin de là ; il ne laisse échapper aucune occasion de protester contre toute solidarité avec cette doctrine barbare. Dans le plus étendu de ses ouvrages, qui a pour titre : *Système des contradictions économiques ou Philosophie de la misère*, il consacre un demi-volume à la réfutation en règle du communisme. Après avoir remarqué avec juste raison que toutes les utopies communistes, depuis l'*Atlantide* de Platon jusqu'à l'*Icarie* de M. Cabet, ne sont au fond qu'une seule et même rêverie, et que le mérite de l'invention y est nul, surtout pour les derniers venus, M. Proudhon établit qu'il y a dans la nature des choses qui sont naturellement *communes* et d'autres qui naturellement aussi deviennent *propres*, d'où il suit que la vie sociale consiste à jouir en commun de ce qui est commun et en particulier de ce qui est propre. Reste à distinguer ce qui est propre de ce qui est commun. Que l'on pousse l'usage en commun aussi loin que possible, rien de mieux, dit-il, et je suis tout-à-fait de son avis : la société doit à chacun de ses membres tout ce qu'elle peut lui donner sans nuire au droit d'autrui ; mais il y a une limite. Le communisme proprement dit est incompatible avec la famille, et la famille, je le dis à son honneur, est sacrée aux yeux de M. Proudhon ; le communisme est impossible sans une loi de répartition, car il faut bien répartir au moins le travail entre les membres de la communauté, et la communauté, dit encore M. Proudhon, périt par la répartition, car la division du travail entraîne celle des produits. Enfin, pour résumer dans un de ces mots énergiques qu'il affectionne son jugement sur le communisme, il l'appelle *la religion de la misère* ; il n'y a rien de plus fort à en dire.

Non-seulement M. Proudhon est ennemi du communisme dans sa forme la plus grossière et la plus générale, mais il repousse encore ce communisme mitigé, qui est la doctrine d'un bon nombre de nos républicains de la veille, et qui consiste à tout remettre dans les mains de l'état. La création des ateliers nationaux n'a pas de plus grand adversaire ; il s'indigne à l'idée de voir l'état se faire banquier, entrepreneur, commerçant ; il réclame à haute voix, pour le travail, non cette organisation mensongère qui le ruine, mais la liberté qui le vivifie. Bien qu'il se prononce en toute occasion contre l'économie politique moderne, il a du moins cela de commun avec elle, qu'il adopte pleinement son principe, la liberté du travail.

Ensuite M. Proudhon n'apprécie pas moins bien, selon moi, le véritable caractère de la révolution de février. Il reconnaît que cette révolution a été profondément *illégale*, c'est le mot dont il se sert, distinction fondamentale entre elle et celle de 1830, qui a été *légale* dans toute la force du mot. « Tout ce qui a été fait par le peuple, dit-il dans une de ses nombreuses publications, a été fait en violation de la loi. Le 20 février, par le manifeste de l'opposition, la loi sur les attroupements a été violée, la loi sur la garde natio-

nale violée. *Je ne réponds pas même que, sur ce droit de réunion objet de tant de querelles, la loi et la jurisprudence ne fussent, quoi qu'on en ait dit, du côté du ministère* ; à cet égard, la légalité aurait donc été encore violée. Ce n'est pas tout. La minorité représentative, agissant par intimidation sur la prérogative royale, violait la charte ; l'abdication de Louis-Philippe, que la responsabilité ministérielle devait couvrir, violait la charte ; la loi de régence était deux fois violée, d'abord par la substitution de la duchesse d'Orléans au duc de Nemours, puis par l'appel fait à la nation ; enfin, le peuple, faisant prévaloir sa volonté par la force, au lieu de s'en tenir à un acte juridique, comme le voulait l'opposition, foulait aux pieds toutes les lois. Au rebours de ce qui s'était passé en 1830, le gouvernement, en 1848, était littéralement en règle, et ce n'est pas sans raison que Louis-Philippe a pu dire, en mettant le pied sur le sol anglais : *Charles X a été détrôné pour avoir violé la charte ; je le suis pour l'avoir défendue.* »

Un vaincu de février ne dirait pas mieux. Je sais bien que M. Proudhon ne s'en tient pas là, et qu'après avoir reconnu *l'illégalité* de la révolution de février, il la soutient légitime, attendu que le peuple souverain n'est obligé qu'envers lui-même, que sa souveraineté est inaliénable, et qu'il la ressaisit quand il lui plaît. Je ne veux pas pour le moment discuter cette théorie en elle-même ; je me borne à la constater et à reconnaître avec M. Proudhon qu'il n'y en a pas d'autre pour justifier la révolution de février. Voici maintenant bien autre chose, non-seulement, selon M. Proudhon, la révolution était illégale, mais elle était inutile ; je cite textuellement : « Ainsi la réforme du gouvernement personnel contenait la réforme parlementaire ; la réforme parlementaire contenait la réforme électorale ; la réforme électorale impliquait la réforme de la constitution ; la réforme de la constitution entraînait l'abolition de la royauté, et l'abolition de la royauté était synonyme d'une révolution sociale ; encore une fois, les seuls qui aient compris la situation, c'est le gouvernement d'un côté, et le peuple de l'autre. Par cette simple protestation de la gauche, qui devait avoir lieu le 22 février, la révolution tout entière était faite ; le peuple n'a fait que dégager l'événement. Une seule chose dans ce grand acte n'est pas du fait du peuple, et la responsabilité en revient tout entière aux pouvoirs de l'état comme à la bourgeoisie, *c'est la date.* Il était fatal,

providentiel, si vous aimez mieux, qu'un peu plus tôt, un peu plus tard, la souveraineté du peuple se reconstituât sur d'autres bases, et abolît, *sinon peut-être de fait, au moins de droit*, la monarchie. *La révolution pouvait être aussi longue qu'elle a été brusque* ; elle pouvait être faite d'un commun accord entre la couronne, la classe travailleuse et la classe bourgeoise ; elle pouvait s'opérer, en un mot, pacifiquement. *Le progrès des idées était notoire*, le peuple ne pouvait manquer un jour ou l'autre d'en déduire les conséquences ; *dans le parti conservateur même*, on convenait généralement que les difficultés n'étaient plus politiques, mais sociales. Toute la question était de savoir quand et comment s'opérerait la transition. Il a plu à l'opposition dite dynastique, il a plu à la royauté, au parti conservateur, de précipiter le dénouement. *Personne n'était en mesure pour la république* ; cela ressort chaque jour dans les actes du gouvernement. »

Tout cela, à quelques mots près, est d'une incontestable justesse. Je pourrais demander à M. Proudhon d'où vient qu'il donne une part de responsabilité au parti conservateur, puisqu'il reconnaît que ce parti avait le véritable sentiment de la difficulté ; mais nous n'en sommes plus à ces petites discussions d'amour-propre. Le parti conservateur a eu des torts apparents, ce qui malheureusement est plus dangereux en politique que des torts réels ; j'avouerai même, si l'on veut, qu'il a eu des torts réels, pourvu qu'on admette la vérité de toutes les autres observations de M. Proudhon. Oui, la difficulté était plus *sociale* que *politique*, en comprenant ce mot *social* dans le sens qu'on lui donne généralement aujourd'hui, et le dernier gouvernement l'avait bien compris quand il avait proposé à la fois, au commencement de la session qui a si misérablement fini, un projet de loi pour la fondation des caisses de retraite pour les ouvriers, une réforme des monts-de-piété et une mise en valeur des biens communaux ; oui, la révolution qu'on appelle sociale aurait pu s'accomplir pacifiquement, et elle s'accomplissait en effet, car la condition des classes ouvrières avait bien changé en dix-huit ans ; depuis 1830, la classe bourgeoise avait travaillé de son mieux à combler la distance qui la séparait du peuple proprement dit, d'abord par la loi sur l'instruction primaire, ensuite par la fondation des caisses d'épargne, enfin par le progrès constant des salaires et l'extension indéfinie du travail ; oui, c'est une querelle politique irritante qui,

jetée mal à propos au milieu des difficultés sociales, a amené l'immense malentendu d'où est sortie la révolution de février.

« C'est encore une question, dit M. Proudhon, aujourd'hui qu'il n'y a plus à y revenir, s'il n'eût pas mieux valu, pour le salut de tous, faire en trente ans ce que nous avons fait en trois jours, et allonger une date glorieuse *plutôt que de s'exposer aux chances d'une solution embarrassée.* » Admettre un pareil doute, c'est avouer implicitement qu'on a été trop vite, et telle est en effet, n'en doutez pas, la véritable opinion de M. Proudhon. N'avez-vous pas aussi remarqué plus haut cet autre aveu qu'il n'était pas nécessaire, pour accomplir la révolution sociale, d'abolir de fait la royauté ? Puisque M. Proudhon en est là, je ne vois plus ce qui nous divise. Nous sommes complètement d'accord sur le but : j'admets avec lui, et de tout temps l'ancien parti conservateur l'a proclamé par tous ses organes, que la grande œuvre, l'œuvre unique de notre temps, est de rendre toutes les conditions humaines aussi égales que possible ; il admet avec moi que, pour se réaliser avec quelque sûreté, cette œuvre immense et difficile voulait être menée lentement, progressivement, et que l'ancienne forme du gouvernement pouvait y suffire ; il reconnaît même que l'avènement de la république pourrait bien avoir plutôt retardé qu'avancé le progrès désiré, et *qu'il eût peut-être mieux valu ne pas s'exposer aux chances d'une solution embarrassée.* L'unique question à débattre entre lui et moi, c'est celle de savoir si l'ancien gouvernement a fait tout ce qu'il pouvait faire dans l'intérêt des classes pauvres ; je ne veux pas discuter ce point délicat avec lui ; je lui passerai très volontiers qu'on pouvait et qu'on devait faire davantage, dès l'instant qu'il m'accorde qu'on le pouvait sans révolution.

Tout ce que je puis dire, c'est que je souhaite sincèrement à la république de faire d'ici à dix-huit ans, dans l'intérêt, des classes pauvres, l'équivalent de ce que la monarchie de juillet a fait pour elles depuis 1830, et de ce qu'elle aurait continué à faire si elle avait duré. La monarchie résolvait paisiblement ces questions sans les poser ; jusqu'ici la république les a bruyamment posées sans les résoudre. La condition des ouvriers est cent fois plus précaire, plus malheureuse aujourd'hui qu'il y a trois mois, et, dans cette catastrophe universelle qui a ébranlé ou détruit toutes les fortunes, la classe qui ne possède pas n'est pas celle qui ait le moins perdu.

Certes, je ne veux pas dire par là qu'il soit possible et désirable de revenir purement et simplement vers le passé ; non, le suffrage universel est un fait acquis qui ferme toute pensée de retour vers l'ancienne forme de gouvernement. La facilité même de la révolution, en montrant combien le régime déclin, malgré ses bienfaits, avait peu de racines dans le pays, a prouvé qu'il fallait chercher ailleurs un autre point d'appui contre des révolutions nouvelles. Trouver mieux me paraît difficile ; mais il faut trouver autre chose, c'est évident. J'ai tenu seulement à faire voir ce que pensait de la révolution un homme qui n'est pas suspect d'attachement à la monarchie.

Enfin, il est une dernière opinion de M. Proudhon qui, pour être exprimée en termes excessifs comme toutes les autres, n'en est pas moins spécieuse au fond : c'est le jugement qu'il porte sur le gouvernement républicain démocratique. Pour des républicains proprement dits, le gouvernement démocratique par le suffrage universel est le remède par excellence à tous les maux de la société ; dès l'instant que cette forme de gouvernement existe, qu'elle fonctionne, il n'y a plus rien à désirer, le reste doit venir de soi-même et être donné par surcroît. M. Proudhon ne croit pas à cette efficacité miraculeuse du suffrage universel ; il va même plus loin, il attaque le suffrage universel en lui-même. « D'après la théorie du suffrage universel, dit-il, l'expérience aurait prouvé que la classe moyenne, qui seule exerçait naguère les droits politiques, ne représente pas le peuple ; loin de là, qu'elle est avec la monarchie en réaction constante avec le peuple. On conclut que c'est à la nation tout entière à nommer ses représentants. Mais, s'il est ainsi d'une classe d'hommes que le libre essor de la société, le développement spontané des sciences, des arts, de l'industrie, du commerce, la nécessité des institutions, le consentement tacite ou *l'incapacité notoire* des classes inférieures, d'une classe enfin que *ses talents et ses richesses* désignaient comme *l'élite naturelle* du peuple, qu'attendre d'une représentation qui, sortie de comices plus ou moins complets, *plus ou moins éclairés et libres*, agissant sous l'influence de passions locales, de préjugés d'état, en haine des personnes et des principes, ne sera, en dernière analyse, qu'une représentation *factice*, produit du bon plaisir de la cohue électorale ? »

Quand nous repoussions le suffrage universel, que disions-nous ? Que l'électorat n'était pas un *droit*, mais une *fonction* ; qu'il devait s'exercer au profit de tous, mais non par tous ; que les plus éclairés et les plus aisés parmi le peuple étaient les représentants *naturels* du peuple, que' l'élection par le vote universel pourrait donner des résultats *factices*, etc. Voilà maintenant M. Proudhon le radical qui dit comme nous ; seulement il en conclut l'abolition de toute espèce de représentation, et le gouvernement du peuple par le peuple sans aucune délégation, et nous arrivions à la conclusion contraire, la nécessité d'une organisation raisonnable de la représentation nationale. Que disions-nous encore ? Que le gouvernement démocratique par le suffrage universel était un gouvernement sans contre-poids ; que la majorité des citoyens y était investie d'un despotisme absolu, sans contrôle, puisqu'elle avait pour elle la force et le nombre en même temps que le droit ; que la liberté de l'individu n'avait sous un pareil gouvernement aucune garantie, et que, suivant la thèse de Rousseau dans le *Contrat social*, rien ne pouvait empêcher, dans ce système, la moitié plus un du peuple d'exterminer la moitié moins un, si tel était son bon plaisir. Or, que dit maintenant M. Proudhon ? « La démocratie n'est autre chose que la tyrannie des majorités, tyrannie la plus *exécrable de toutes*, car elle ne s'appuie ni sur l'autorité d'une religion, ni sur une noblesse de race, ni sur les prérogatives du talent et de la fortune ; elle a pour base le nombre et pour masque le nom du peuple. » Et M. Proudhon part de là pour faire une vigoureuse philippique contre la dictature du gouvernement provisoire, philippique que je ne reproduirai pas, parce que je ne veux pas introduire ici des questions de personnes.

« La démocratie, toujours suivant M. Proudhon, est matérialiste et athée ; la démocratie est l'ostracisme des capacités et le patriciat des médiocrités envieuses et remuantes ; la démocratie est rétrograde et contradictoire ; la démocratie est impuissante à résoudre la question sociale ; la démocratie est plus chère que la monarchie, etc., etc. » Parmi ces diverses propositions, il y en a sans doute de fausses ou du moins d'exagérées ; mais il y en a une qui menace de devenir trop vraie, si l'on n'y prend garde : c'est la dernière. Non-seulement l'avènement de la république a réduit de moitié la fortune nationale en arrêtant la circulation et le travail, mais elle nous promet une progression indéfinie de dépenses publiques, en même temps qu'une diminution non moins progressive de toutes les ressources. De plus, elle fait perdre au pays un capital énorme par la perte de temps qu'elle impose à toutes les classes de la société. Depuis le 24 février, qui est-ce qui travaille ? qui est-ce qui aurait le temps de travailler, quand même on en aurait les moyens ? N'entendez-vous pas à tout instant battre le rappel de la garde nationale ? Ne faut-il pas prendre son fusil et courir à son poste quand on aurait tout autre chose à faire chez soi ? Et les élections, ne faut-il pas aussi que tout le monde s'en occupe ? « Six millions d'électeurs, dit M. Proudhon, à 3 francs par jour et par tête, deux journées de temps perdu, 36 millions. » Et combien de journées perdues ainsi depuis trois mois ! Chacun de vos six millions de citoyens n'a pas perdu moins de trente ou quarante journées ; c'est une perte d'un milliard de plus à ajouter à toutes les autres. Jamais nation n'entreprit de se ruiner sur une plus grande échelle.

Le journal *le Représentant du Peuple* a donné à cette observation une forme vive et spirituelle, en supposant ironiquement que le gouvernement provisoire avait rendu dans sa libéralité le décret suivant :

« Considérant que le crédit public est détruit, que le commerce est mort, que le travail est désorganisé, qu'il est urgent de remédier par un moyen prompt et énergique aux maux de la pairie, le gouvernement provisoire décrète :

« Tous les jours de la république seront désormais des jours fériés ;

« La Bourse, la Banque, les tribunaux, l'hôtel des commissaires-priseurs, les magasins, les ateliers et autres lieux où l'on pourrait travailler, s'il y avait de l'ouvrage, seront fermés ;

« On passera des revues de la garde nationale et de l'armée tous les jours ;

« Le ministre des finances est chargé de l'exécution du présent décret. »

Dans les républiques antiques, les citoyens donnaient presque tout leur temps à la chose publique, ils étaient même quelquefois payés pour exercer leurs droits, comme l'ont été long-temps nos seigneurs des ateliers nationaux ; mais il y avait derrière eux tout un peuple d'esclaves qui travaillait pour eux et qui gagnait péniblement ce qu'ils dépensaient. Aujourd'hui, quand tout le monde est au club, à l'élection ou au corps-de-garde, personne ne travaille. La république fait de nous un peuple de fonctionnaires ; c'est très bien, mais qui gagnera l'argent pour les payer ?

« Trente jours de dictature, disait déjà M. Proudhon à la fin de mars, ont mis à nu l'impuissance et l'inanité de la démocratie. Tout ce qu'elle possédait de vieux souvenirs, de préjugés philanthropiques, d'instincts communistes, de passions discordantes, de phrases sentimentales, de tendances anti-libérales, tout en un mois a été dépensé. » M. Proudhon en conclut qu'il n'y a plus rien à espérer du gouvernement par le suffrage universel ; me préserve le ciel d'aller jusque-là ! Puisqu'on a voulu essayer de la république, il faut que l'expérience se fasse complètement. Jusqu'ici elle n'a pas été heureuse, j'en conviens, et ce qui est arrivé n'a que trop confirmé les craintes des anciens conservateurs ; mais je suis trop bon Français pour admettre que tout soit dit en si peu de temps. Je suis moins ennemi du suffrage universel que M. Proudhon. C'est un mode qui a ses inconvénients, mais qui a aussi ses avantages, comme toute chose. Je dois même dire franchement qu'à l'apparition de la république, je m'attendais à pis que ce que nous avons vu. Les mœurs publiques ont rectifié dans l'application ce qu'il y a de plus dangereux dans les procédés démocratiques. Grace à M. Ledru-Rollin et à ses commissaires, qui ont fait sentir au pays l'imminence du péril, la première épreuve du suffrage universel n'a pas donné de trop mauvais résultats. La tendance naturellement illibérale de la démocratie a été contenue par l'habitude de la liberté ; dix-huit ans du régime le plus libéral qui ait jamais été essayé avaient fait passer dans les veines du corps social cette salutaire habitude, qui a tout sauvé.

M. Proudhon lui-même, si radical qu'il soit, n'exclut pas tout-à-fait cette chance. « Si je fonde quelque espoir sur l'assemblée nationale, dit-il quelque part, c'est bien moins à cause de son origine et du nombre de ses membres qu'en raison des événements qui ne peuvent manquer de lui porter conseil, et du *travail de la raison publique, qui sera à l'assemblée nationale ce que la lumière est au daguerréotype.* » Paroles excellentes, et que, pour mon compte, j'adopte complètement. Oui, comme nous disions autrefois, la véritable, la seule souveraineté réside dans la raison. Pourvu que la liberté de discussion soit maintenue, et tout permet de croire aujourd'hui qu'elle le sera, ce sera la raison publique qui dictera les décrets, l'assemblée nationale ne fera que les promulguer. Voilà M. Proudhon devenu franchement doctrinaire, et je l'en félicite. Quand on en est à ce point, la diversité des institutions politiques n'a pas beaucoup d'importance. Dans son langage bizarre, M. Proudhon donne le nom d'*anarchie* au régime qu'il préfère ; changeons le mot, et disons *liberté*, nous serons d'accord.

Je pourrais bien encore, si je voulais, citer quelques bonnes malices de M. Proudhon contre le gouvernement des poètes, des artistes et des romanciers, mais, encore un coup, je ne veux pas faire ici de personnalités. Quelque novateur qu'il soit, M. Proudhon paraît croire à l'efficacité de l'ancien principe de la division du travail. Il semble, en effet, que le meilleur moyen de faire marcher une société, c'est de laisser faire à chacun ce qu'il sait faire, de laisser, autant que possible, l'ouvrier à son atelier, le laboureur à sa charrue, le marchand à son négoce, le poète à ses vers, le romancier à ses romans, le médecin à ses malades, et de confier le soin des affaires publiques à des hommes spéciaux pourvus d'une instruction et d'une expérience spéciales. Le principe contraire prévaut aujourd'hui, nous verrons ce qui en sortira. En tout cas, M. Proudhon ne doit pas être solidaire des conséquences, car il paraît peu favorable au principe, et je le crois imbu de cette vieille idée qu'on ne saurait bien gouverner sans avoir appris.

M. Proudhon n'est donc ni communiste pur comme M. Cabet, ni communiste mitigé comme M. Louis Blanc, ni fanatique du suffrage universel et de la démocratie comme *le National*, ni terroriste comme M. Blanqui. Voilà bien des points de ressemblance entre nous ; quelles sont donc les différences ? C'est ici le moment de faire connaître ses théories sur la propriété et ses autres idées sur la direction à donner à la révolution de février. Ici nous allons envisager le radical en face, et je vais être obligé de le combattre ; mais, ici encore, je contesterai beaucoup plus la forme que le fond.

Rien n'est effrayant, à première vue, comme le livre de la *Propriété*. Les épithètes les plus injurieuses sont accumulées contre la propriété et les propriétaires ; la propriété est injuste, elle est oppressive, elle est blasphématoire, et, qui plus est, elle est impossible. L'auteur démontre ces diverses propositions par toute sorte de raisons péremptoires, enveloppées d'un grand appareil de termes métaphysiques ; arrivez à la conclusion, et voici ce que vous trouverez : M.

Proudhon ne veut pas qu'on soit *propriétaire*, mais il admet qu'on soit *usufruitier* ; il combat la *propriété*, il admet la *possession*. Toute la question entre lui et la société consiste donc dans la définition de ces deux mots : *propriété* et *possession*. La forme habituelle de son argumentation est fort simple, elle consiste à donner, aux mots qu'il veut ruiner, une signification absolue jusqu'à l'absurde, et il combat ensuite victorieusement ses hypothèses. C'est ainsi qu'il attaque moins, dans la propriété, la propriété elle-même que les abus de la propriété ; il fait du droit de propriété une sorte de monstre comme le dieu des Phéniciens qui se nourrissait de victimes humaines, et il veut abattre le monstre. Ses coups portent à côté de ce qui est.

En théorie, le droit de propriété n'est pas ce que M. Proudhon paraît supposer. Prenant au pied de la lettre le fameux droit d'*user* et *abuser* de la définition romaine, il paraît croire que le propriétaire s'arroge un droit illimité sur sa propriété ; cela est faux tout simplement et ne peut être soutenu par personne. Remontant à l'origine de la propriété, M. Proudhon prétend la détruire par le raisonnement que voici : Le principe de la propriété est l'appropriation de la terre par le travail ; or, un homme qui par son travail tire des produits d'une terre inculte est propriétaire des produits et non de la terre elle-même, car il crée les produits et ne crée pas la terre ; donc, la terre n'est à personne, elle est à Dieu ! Eh ! qui vous dit le contraire ? qui est-ce qui a jamais imaginé de soutenir que l'homme créait la terre ? Sans doute, si l'homme se prétendait propriétaire de la terre dans le sens où vous l'entendez, il dirait une absurdité, une impiété, il *volerait* Dieu ; mais ce n'est pas de cela qu'il s'agit : dès l'instant que vous accordez la propriété des produits, vous accordez tout ce qui est nécessaire. En effet, si l'homme ne devient pas propriétaire du sol proprement dit, il est propriétaire de tout ce qu'il a ajouté au sol par son travail et qui est inséparable du sol lui-même ; cela suffit. S'il a bâti une maison, il est propriétaire de la maison ; s'il a défriché un champ, il est propriétaire du défrichement. Vous dites qu'il est payé de ses peines par sa récolte, mais sa récolte de l'année ne représente pas tout le fruit de son travail. La valeur utile qu'il a ajoutée à la terre pour l'avenir lui appartient aussi ; quand il a planté un arbre, il a droit à perpétuité aux fruits de cet arbre ; de même, quand il a modifié le sol par la culture, il a droit à perpétuité aux conséquences de cette modification.

En fait, il n'est pas vrai que le droit de propriété soit aussi absolu, d'après nos lois, que le prétend encore M. Proudhon. Quand il n'y aurait que l'impôt pour atténuer ce droit et le détruire à la longue, cette restriction serait suffisante pour démontrer l'exagération du reproche. Dans l'état ordinaire des choses, l'impôt enlève en moyenne au propriétaire le dixième du revenu ; quand la propriété change de main, l'impôt prélève encore le quinzième du capital. Il ne faut pas beaucoup de générations pour que la valeur d'une propriété passe ainsi tout entière dans les coffres de l'état. Si le travail ne renouvelait pas constamment cette valeur, elle serait bientôt absorbée. Ce n'est pas tout. Tant d'intérêts divers et distincts de celui du propriétaire se rattachent à la propriété, que quiconque consomme sans produire est sûr de se ruiner, quelque riche qu'il soit, dans un délai donné. Il y a d'abord les métayers, les fermiers, les régisseurs, tout ce peuple qui vit aux dépens du maître, et qui a bientôt réduit à néant, si l'on n'y prend garde, les meilleurs revenus ; il y a ensuite les hommes d'affaires proprement dits, les notaires, les avoués, les avocats, qui, dans les contestations, dans les ventes, dans les héritages, trouvent toujours le moyen de détacher quelque lambeau du capital ; il y a les capitalistes, les prêteurs hypothécaires, qui grèvent les immeubles d'intérêts considérables ; il y a les droits des femmes, des mineurs, qui rendent une grande partie des propriétés incommutable ; il y a enfin les règlements publics, qui mettent des bornes à l'usage de certaines choses, dans l'intérêt commun, comme dans les villes, les règlements de police urbaine sur les alignements, et, dans les campagnes, les lois sur les cours d'eau, sur les défrichements de bois, sur les servitudes de tout genre imposées à la propriété.

Dans l'état actuel des choses, le propriétaire nominal n'est le plus souvent que le gérant d'une société en commandite, dont les actions sont disséminées à l'infini. Lui seul a la responsabilité des pertes, mais il est loin d'avoir droit à tous les bénéfices. Et c'est une propriété ainsi constituée que M. Proudhon accuse de spoliation et de vol ! Je concevrais une telle attaque contre la propriété féodale créée par la conquête et rendue inaccessible par la loi à quiconque n'est pas né propriétaire ; mais il y a longtemps que cette propriété-là n'existe plus. La propriété moderne s'obtient par le travail et se maintient par le travail ; dans cette lutte incessante des intérêts, la propriété est sans cesse menacée d'empiétement et de division ; il faut, pour la conserver ; presque autant d'efforts que pour l'acquérir. Au milieu des droits et des prétentions qui se croisent, elle échappe quelquefois, elle devient illusoire, et, si quelque progrès est à désirer dans son organisation, c'est quelque chose qui la rende plus réelle, plus liquide, plus personnelle. M. Proudhon lui-même a observé avec beaucoup de finesse que le lien qui unit aujourd'hui la plupart des propriétaires à la propriété s'est singulièrement relâché, et que nous vivons tous beaucoup plus de la circulation que de la propriété proprement dite. Cette sorte d'idéalisation de la propriété, cette abstraction constante du capital, est un fait que la crise actuelle a rendu évident. Pourquoi donner de si grandes proportions à ce qu'on reconnaît en même temps être si peu de chose, qu'un souffle le détruit en un moment ?

M. Proudhon s'amuse quelquefois à soutenir que les lois qui défendent la propriété tendent, en réalité, à la détruire, témoin la tirade suivante contre le principe de l'impôt proportionnel : « Pour subvenir aux charges du gouvernement, qui a des armées à entretenir, des travaux à exécuter, des fonctionnaires à payer, il faut des impôts. Que tout le monde contribue à ces dépenses, rien de mieux ; mais pourquoi le riche paierait-il plus que le pauvre ? Cela est juste, dit-on, puisqu'il possède davantage. J'avoue que je ne comprends pas cette justice. Pourquoi paie-t-on des impôts ? Pour assurer à chacun l'exercice de ses droits naturels, liberté, égalité, sûreté, propriété ; pour maintenir l'ordre dans l'état, pour créer des objets publics d'utilité et d'agrément. Or, est-ce que la vie et la liberté du riche coûtent plus à défendre que celles du pauvre ? De deux choses l'une : ou l'impôt proportionnel garantit et consacre un privilège en faveur des forts contribuables, ou il est lui-même une iniquité, car si la propriété est de droit naturel, comme le veut le décret de 93, tout ce qui m'appartient en vertu de ce droit est aussi sacré que ma personne ; c'est mon sang, c'est ma vie, c'est moi-même ; mes 100,000 francs de revenu sont aussi inviolables que la journée de 75 centimes de la grisette, mes appartements que sa mansarde. Si l'état me prend plus, qu'il me rende plus, ou qu'il cesse de me parler d'égalité des droits ; car autrement la société n'est plus instituée pour défendre la propriété, mais pour en organiser la destruction. L'état, par l'impôt proportionnel, se fait chef de bande ; c'est lui qui donne l'exemple du pillage en coupe réglée ; c'est lui qu'il faut traîner en cour d'assises, en tête de ces hideux brigands, de cette canaille exécrée qu'il fait assassiner par jalousie de métier. »

Remarquez que tout ceci s'adresse, non à l'impôt progressif, que M. Proudhon regarderait à plus forte raison comme attentatoire à la propriété, mais à l'impôt proportionnel, dont le principe est généralement admis comme juste. Ce jeu d'esprit n'est évidemment qu'une plaisanterie, mais qui suffit pour montrer quelle idée exagérée M. Proudhon aime à donner de la propriété. Puisqu'à ses yeux l'impôt le plus régulier est un pillage, un vol, nous ne devons pas être étonné de lui voir attribuer la même épithète à la propriété, elle-même ; mais à quoi bon discuter avec lui sur ce point ? En réalité, ce qu'il appelle *l'usufruit, la possession*, c'est ce que nous appelons la *propriété*. L'homme n'est nécessairement qu'usufruitier sur cette terre ; *de tous les arbres que tu as plantés*, dit le poète latin, *nul ne te suivra dans ta dernière demeure qu'un cyprès*. Est-ce donc le droit de transmission que M. Proudhon veut enlever au propriétaire ? Est-ce l'héritage qu'il attaque ? Pas davantage. Voici en effet en quels termes il pose lui-même ce qu'il appelle le problème social : « trouver un système d'égalité absolue, dans lequel toutes les institutions actuelles, moins la propriété ou *la somme des abus de la propriété*, non-seulement puissent trouver place, mais soient elles-mêmes des moyens d'égalité, liberté individuelle, division des pouvoirs, ministère public, jury, organisation administrative et judiciaire, unité et intégralité dans l'enseignement, *mariage, famille, hérédité en ligne directe et collatérale, droit de vente et d'échange, droit de tester et même droit d'aînesse* ; un système qui, mieux que la propriété, assure la formation des capitaux et entretienne l'ardeur de tous, qui d'une vue supérieure explique, corrige et complète les théories d'association proposées, jusqu'à ce jour, depuis Platon et Pythagore jusqu'à Babeuf, Saint-Simon et Fourier ; *un système enfin qui, se servant à lui-même de transition, soit immédiatement applicable*. »

Retranchez de ce programme deux mots qui ne sont là que pour l'honneur de la théorie, et je suis prêt à l'accepter. M. Proudhon lui-même a été au-devant de la conciliation en laissant l'alternative entre ces mots : *Moins la propriété*, et ceux-ci : *Moins la somme des abus de la propriété*. Il est bien entendu que c'est cette dernière rédaction que je préfère. Seulement le système social dont il s'agit n'est pas à chercher bien loin, il est tout trouvé, c'est la société telle qu'elle est. « Entre la communauté et la propriété, dit ailleurs M. Proudhon avec tout l'orgueil d'un créateur, je construirai un monde. » Voilà encore un de ces propos que j'aime à relever : M. Proudhon était tout à l'heure doctrinaire, voici maintenant du juste-milieu tout pur, ou je ne m'y connais pas ; mais comment ne voit-il pas que son monde est tout construit ? La société actuelle est précisément l'intermédiaire demandé entre l'abus de la communauté et l'abus de la propriété. On veut un système d'égalité absolue ; mais, dès l'instant qu'on admet en même temps le mariage, l'hérédité et toutes les institutions qui existent, que peut-on trouver de plus égalitaire que nos lois ? Le partage égal des successions est même, tel qu'il est aujourd'hui, trop radical, suivant M. Proudhon, puisqu'il regrette le droit d'aînesse. Que veut-il donc ? S'il sait quelques nouveaux moyens de fortifier la tendance à l'égalité, sans altérer les institutions qu'il veut conserver, qu'il le dise. Le principe de l'égalité n'est pas nouveau en France, il a été posé à tout jamais en 1789, et il vient de recevoir une dernière consécration par l'établissement du suffrage universel. Pour mon compte, je ne vois rien au-delà que la loi agraire, et M. Proudhon déclare qu'il en a horreur. Quel est donc le dernier mot de M. Proudhon ?

Nous étions restés jusqu'à ce jour dans l'ignorance de ce remède mystérieux et suprême qui devait, selon M. Proudhon, métamorphoser le monde ; l'auteur vient de le faire connaître enfin dans *le Représentant du Peuple*. C'est un projet de banque. Personne plus que moi ne croit à l'efficacité des institutions de crédit, mais je n'aurais jamais pensé qu'une pareille institution pût être présentée comme contenant toute une réforme sociale. Je n'en ai lu qu'avec plus d'intérêt et de curiosité le projet de M. Proudhon ; ce projet est singulier, hardi, excentrique, comme tout ce qui sort de la plume de l'auteur ; on y retrouve ce mélange d'observations justes et de déductions outrées qui caractérise son talent, et qui donne à toutes ses idées un tour si imprévu.

On sait comment s'organise ordinairement une banque. On commence par réunir des souscriptions d'actionnaires pour former un premier fonds qu'on appelle le capital de la banque ; ce capital une fois réalisé et converti en valeurs de tout genre, argent, immeubles, rentes sur l'état, etc., la banque commence ses opérations ; elle donne, en échange de bonnes valeurs de commerce qu'elle se charge de toucher à l'échéance, ses propres billets, qui sont payables à vue dans ses bureaux ; elle perçoit sur cet échange un bénéfice qu'on appelle *escompte*, et qui est ordinairement en France de 4 pour 100 par an ; elle répartit ensuite entre ses actionnaires les bénéfices que lui a valus l'escompte. Il est d'usage qu'une banque restreigne ses opérations de manière à avoir toujours en caisse en numéraire le tiers de ses billets en circulation, afin de parer aux demandes imprévues de remboursement. Le reste des billets est garanti : 1° par le portefeuille, c'est-à-dire par les lettres de change signées des meilleurs commerçants, que la banque a escomptées et dont elle doit toucher la valeur au fur et à mesure des échéances ; 2° par le capital de la banque, c'est-à-dire par le premier fonds fourni par les actionnaires, qui répond en cas de non-paiement des lettres de change escomptées. C'est par la réunion de ces diverses garanties qu'on est arrivé à donner aux billets de banque une valeur égale à celle du numéraire proprement dit.

Voici maintenant quelles modifications M. Proudhon propose d'introduire dans ce système par l'organisation de la *banque d'échange*. D'abord cette banque n'aura pas de capital, c'est-à-dire qu'elle n'aura pas ce premier fonds fourni par les actionnaires qui doit servir de dernière garantie aux porteurs de billets ; en second lieu, elle n'aura point en caisse cette part de numéraire qui sert à rembourser à vue les billets, les billets ne seront jamais remboursables en numéraire. De ces deux points de départ, la suppression du capital et la suppression du numéraire, résulte la possibilité de réaliser la grande amélioration proposée par M. Proudhon, qui n'est rien moins que la suppression des bénéfices de la banque, c'est-à-dire la réduction de l'escompte, qui est aujourd'hui en moyenne de 4 pour 100 à 1 pour 100 seulement par an destiné à subvenir aux frais d'administration. On voit tout de suite quel immense avantage aurait l'établissement d'une pareille banque pour le commerce, puisque le taux de l'intérêt des sommes prêtées tomberait de 4 et 5 pour 100 à 1 pour 100, mais on voit en même temps par où pèche la combinaison : c'est la difficulté de faire accepter le papier de la *banque d'échange* par le public. Ce papier ne serait plus garanti que par le portefeuille, c'est-à-dire par les lettres de change escomptées ; il n'offrirait pas plus de sûreté que ces lettres de change elles-mêmes ; dès qu'elles ne seraient pas acquittées, il n'aurait plus de gage. Au premier symptôme de crise, il serait déprécié.

M. Proudhon a senti la difficulté, et, avec l'audace ordinaire de son esprit, il est allé au-devant. « Le papier de ma banque, nous dit-il, ne sera pas sujet à dépréciation, puisque, par son principe même, il ne sera pas échangeable contre du numéraire ; il ne représentera pas du numéraire, mais des produits ; c'est pourquoi j'appelle ma banque *banque d'échange* et ses billets *bons d'échange*. » Supposez un vaste bâtiment ou toute sorte de producteurs viennent déposer leurs denrées, celui-ci son blé, celui-là son vin, cet autre son drap, et ainsi de suite, et où chacun reçoit en échange une quantité de *bons* représentative de la somme de produits qu'il a déposés ; chacun de ces bons peut être ensuite présenté à l'entrepôt commun pour retirer les objets dont on a besoin. Pour un échange ainsi organisé, l'intermédiaire du numéraire est inutile. Cette image peut servir à faire comprendre la théorie des *bons d'échange* de M. Proudhon ; mais, malheureusement, ce n'est là qu'une image et une théorie. Toutes les opérations commerciales ne peuvent pas être réduites à cette simplification primitive : l'échange est le principe de tout commerce, sans aucun doute ; mais la variété et la multiplicité des échanges ont rendu le numéraire nécessaire, et on ne change pas en un jour les habitudes du genre humain.

Malgré ces observations, le projet de M. Proudhon me paraît digne de la plus grande et de la plus sérieuse attention. C'est un idéal que je crois impraticable, mais dont il faut se rapprocher le plus possible. L'auteur a remarqué avec beaucoup de sagacité que la révolution de février était par-dessus tout une révolution économique, et qu'elle se résoudrait nécessairement par un progrès dans les institutions de crédit. C'est là un premier mérite qu'on ne saurait contester à M. Proudhon. Je suis convaincu, pour ma part, que le principal et peut-être l'unique résultat qui restera de cette révolution est un progrès dans l'organisation des banques. La crise qui a suivi la proclamation de la république a montré combien la constitution actuelle du crédit était insuffisante, soit pour donner à ceux qui possèdent de plus grandes sécurités, soit pour donner à ceux qui ne possèdent pas de plus puissants moyens d'acquérir. Il faut un pas, un grand pas de plus. Un autre mérite de M. Proudhon est d'avoir su dans quel sens devait désormais se développer le crédit. D'une part, le crédit doit perdre le caractère général et vague qu'il a eu jusqu'ici, et chercher une base plus positive en se rapprochant de son origine ; d'autre part, il doit devenir plus accessible à tous, il doit être plus facile et à meilleur marché.

M. Proudhon attaque avec une extrême vivacité ce qu'il appelle les droits seigneuriaux de l'or, les *droits de péage* que prélèvent les capitaux sur la circulation, et il a raison dans une certaine mesure ; mais ai-je besoin de dire que ses idées, sous ce rapport, n'ont rien d'aussi neuf et d'aussi personnel qu'il paraît le croire, et qu'elles peuvent et doivent recevoir satisfaction sans exiger cette transformation totale annoncée dans le programme de la *banque d'échange* ? Tous les esprits sont tournés de ce côté aujourd'hui ; à tout instant on voit naître des projets qui prouvent que certaines idées sont mûres. Déjà l'association des banques de province à la banque de France a été un progrès ; cette association a porté un premier coup à la barbarie du change par l'unité du billet de banque. Voilà un premier *droit de péage*, pour parler comme M. Proudhon, supprimé. Ensuite la suspension des remboursements en numéraire de billets de la banque de France et des banques de province a été acceptée avec une facilité qui montre à quel point le billet de banque est entré dans les habitudes du pays. Voilà la puissance seigneuriale du numéraire réduite d'autant. D'autres progrès viendront également, et sortiront de la nécessité ; ces progrès s'annonçaient déjà sous la monarchie, car on discutait sur l'union des banques au moment où s'élevaient les premières barricades de février.

Gardons-nous seulement de vouloir aller trop vite. M. Proudhon, qui n'aime pas les demi-mesures, proclame du même coup l'inutilité du numéraire et la suppression de l'intérêt ; c'est trop. Le numéraire sera toujours utile, seulement il est à désirer qu'il soit moins nécessaire ; le capital sera toujours productif d'intérêt, seulement il est à désirer que le taux de cet intérêt soit le plus bas possible. Voilà la vérité. Je rappellerai ici à M. Proudhon ce qu'il a dit lui-même ailleurs : il vaut mieux attendre, marcher pas à pas, que *s'exposer aux chances d'une solution brusque et embarrassée.* Quand on va trop vite, on s'expose à aller contre son but. L'établissement immédiat de la *banque d'échange* n'aurait d'autre résultat que de ruiner le billet de banque en lui enlevant une part de ses garanties, et de rendre toute institution de crédit impossible pour longtemps. Ce n'est, certes, pas l'intention de M. Proudhon ; mieux vaut prendre la marche tout opposée. Il n'y a d'autre moyen de rendre le numéraire inutile que de fortifier au contraire au lieu de les diminuer les garanties du billet de banque ; il n'y a d'autre moyen de réduire les bénéfices du capital que de multiplier le capital, de l'encourager à se produire ; c'est l'abondance et la concurrence des capitaux qui font leur bon marché, c'est la confiance des capitaux qui fait leur abondance. Sous la monarchie, le taux de l'intérêt baissait naturellement ; l'apparition de la république l'a fait remonter dans une proportion énorme, parce qu'elle a inquiété les capitaux.

Là est l'erreur fondamentale de tous ceux qui ont pris part, parmi les socialistes, à la révolution de février. En acceptant l'intervention de la violence pour activer le progrès social, en subissant l'alliance des terroristes, les socialistes de bonne foi ont fait fausse route. M. Proudhon s'en est aperçu le premier, comme on a vu, mais il n'a pas tiré toutes les conséquences de son observation ; il aurait dû séparer complètement sa cause de celle des démocrates violents et n'accepter aucun de leurs moyens. Le socialisme a, avant tout, besoin du crédit, et le terrorisme est ennemi du crédit ; cet antagonisme radical de deux écoles est à mes yeux évident comme le jour. M. Proudhon n'est pas terroriste ; mais, en attaquant la propriété et le capital, il s'abandonne lui-même pour servir les terroristes. La *banque d'échange*, sous des formes modestes, serait une institution essentiellement révolutionnaire ; qui dit révolution dit destruction et non fondation, on le voit bien depuis février. Pour fonder quelque chose, il faut avant tout que la société rentre dans ses voies naturelles, c'est-à-dire que la propriété et le capital ne puissent plus se croire menacés. A ce seul prix, nous pourrons éviter l'égalité dans la misère et travailler à l'égalité dans le bien-être, qui est la fin de toute société organisée.

Ce que M. Proudhon attend de la *banque d'échange* peut être obtenu, dans la mesure du possible, par l'organisation actuelle des banques, et ne peut être obtenu que par elles. M. Proudhon lui-même l'a senti, car, par une contradiction singulière, il demande à l'état, dans un des derniers numéros de son journal, un million pour fonder sa banque. Or, un million, c'est un faible capital, mais c'est un capital ; cette seule concession suffit pour renverser le principe de la *banque d'échange*. Dès l'instant que cette banque a un capital quelconque, elle n'a rien qui la distingue des autres. Toute banque a pour effet de suppléer en partie le numéraire et de faire baisser le taux de l'intérêt ; de même toute banque est en soi une banque d'échange, car, ainsi que le répète M. Proudhon, d'après tous les économistes qui ont cette fois trouvé grâce devant lui, les produits ne s'échangent en réalité que contre les produits, et le papier comme le numéraire n'est que l'instrument de l'échange. Développez, multipliez les banques existantes, faites en sorte qu'il s'en forme de nouvelles sur les points du territoire qui en manquent, encouragez les capitaux à s'y porter par la certitude de bénéfices raisonnables, ramenez la baisse progressive de l'intérêt par la concurrence des capitaux, entourez le billet de banque de telles garanties, qu'il soit partout accepté comme du numéraire, faites que les banques soient assez riches pour prêter à l'industrie sur dépôt de marchandises et même à la propriété sur hypothèque, et tout l'effet utile de la *banque d'échange* sera produit : toute tentative différente amènerait le résultat inverse.

Voilà donc où aboutit en définitive ce terrible système qui menaçait de tout renverser un progrès dans l'organisation des banques, progrès qui s'accomplit en quelque sorte de lui-même en ce qu'il a de possible et de praticable, et que tout le monde réclamait plus ou moins même avant la révolution ! J'avais, comme on voit, quelque raison de dire que M. Proudhon n'était pas si noir qu'il en avait l'air. C'est un homme d'esprit et de talent, et avec de tels hommes il n'y a jamais à désespérer. S'il pouvait se garder de l'exagération, il y aurait en lui un publiciste éminent, car il a beaucoup de pénétration et de sagacité. Malheureusement l'exagération paraît être l'écueil inévitable de toute l'école socialiste. On peut même dire que toute l'originalité de cette école n'est que dans l'exagération. Il y a déjà quelques années qu'un historien philosophe, M. de Sismondi, a élevé contre l'économie politique anglaise les objections qui traînent aujourd'hui dans tous les livres socialistes. Les abus de la propriété, les inconvénients de la concurrence, les dangers du salaire, ont été signalés par M. de Sismondi avec une grande force, mais aussi avec cette simplicité qui est la compagne ordinaire de la vérité. Pourquoi M. Proudhon ne fait-il pas de même ? Il n'est pas de ceux qui ont besoin de grossir la voix outre mesure pour se faire écouter. Croit-il que sa cause y perdrait quelque chose ? Mais cette cause est celle de l'humanité, elle est assez grande, assez belle par elle-même, et il a d'ailleurs pour la servir assez de véritable éloquence sans y joindre les artifices de la déclamation et du paradoxe.

A quoi bon aussi se montrer si injuste et si amer envers l'ancien gouvernement ? Puisque M. Proudhon aime la liberté, puisqu'il n'est pas démocrate quand même, il a avec ce gouvernement plus d'une sympathie involontaire. Il n'est pas digne de lui de répéter les injures et les calomnies propagées par les ennemis de la monarchie qui n'est plus. Mieux que personne il peut apprécier ce que ce prétendu règne de l'égoïsme et de la cupidité a fait pour le peuple. Et quant à l'accusation de *réaction*, qui sert à réveiller les passions mourantes, il est impossible qu'un observateur aussi habile ne sache pas ce qui en est. Quel pourrait être aujourd'hui l'élément d'une réaction ? On a vu combien les privilégiés d'hier tenaient à leurs droits. Cette bourgeoisie, dont on avait fait un épouvantail, s'est empressée d'abdiquer son pouvoir dès qu'il a été contesté et de se confondre dans les rangs du peuple, dont elle ne veut pas se séparer. La promptitude et l'unanimité de la soumission à la république ont suffisamment prouvé que nous n'avions tous qu'un même intérêt, qu'une même pensée. Nous avions cru que la monarchie constitutionnelle était le meilleur des gouvernements, parce qu'elle assurait le présent en développant progressivement l'avenir : que le peuple nous prouve qu'il peut se passer de ces institutions savantes qui n'avaient pour but que de faire respecter tous les droits, et nul de nous ne regrettera ces prétendus privilèges qu'il n'exerçait que pour le bien commun.

P. S. Ces pages étaient écrites et livrées à l'impression quand ont eu lieu les élections de la Seine qui ont envoyé M. Proudhon à l'assemblée nationale. Je ne suis pas de ceux qui s'inquiètent de ce choix. De deux choses l'une : ou M. Proudhon conservera au contact des hommes et des affaires ses théories absolues, et il sera alors un exemple éclatant de plus de l'impuissance des idées radicales ; ou M. Proudhon renoncera à ce qu'il y a dans sa doctrine d'excessif et de chimérique, pour se borner à défendre ces deux principes qui sont les siens et qui seront le salut de l'avenir comme ils ont été la puissance du passé, la liberté et le crédit, et l'ascendant qu'il a su conquérir sur les masses en fera un des hommes les plus utiles du régime nouveau. M. Proudhon a assez de talent et il y a dans ses opinions assez de vrai pour qu'il lui soit possible de prendre ce dernier parti. Dans tous les cas, il est heureux que les socialistes aient réussi à faire passer d'emblée le plus intelligent d'entre eux. Avec M. Proudhon, l'expérience sera complète et définitive.

ISBN : 978-1546474241

Léonce de Lavergne

www.ingramcontent.com/pod-product-compliance
Lightning Source LLC
Chambersburg PA
CBHW072029280526
45788CB00007B/2723